AF259767

NOTICE

SUR

BÉNAZET

CHANTRE DES BELLES

PAR

J. LASSOUQUÈRE

TYPOGRAPHE

PROTE DE L'IMPRIMERIE FOIX.

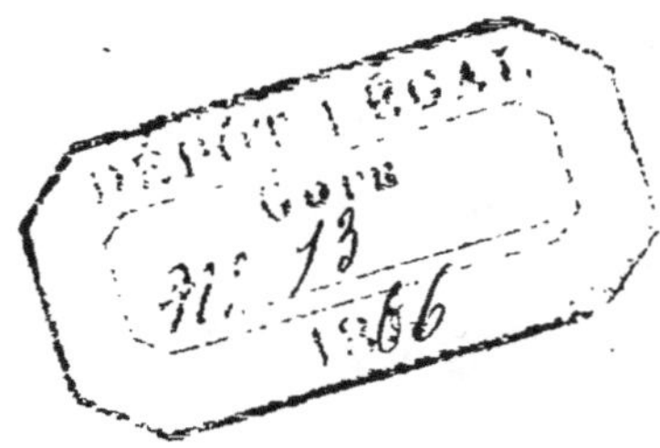

AUCH,

IMPRIMERIE ET LITHOGRAPHIE DE F. FOIX, RUE BALGUERIE

—

1866.

BÉNAZET

(Louis-Olympe).

BÉNAZET (Louis-Olympe) est né à Beaumont-de-Lomagne [Tarn-et-Garonne], le 25 août 1802. Il est fils posthume de Bénazet (Bernard), peintre d'histoire, que sa fuite précipitée à Cologne sauva de l'échafaud en 1793; certaines de ses compositions en peinture dont le choix était peu en harmonie avec les idées de l'époque l'avaient signalé aux poursuites des terroristes. Sa mère, Louise Contaut, de Lombez, était institutrice. La mort de Bénazet (Bernard) avant la naissance de son fils fut pour ce dernier une circonstance bien défavorable; et comme un mal en amène toujours un autre, dame nature fut pour lui une impitoyable marâtre : en lui refusant les dons qu'elle prodigue à bien d'autres, elle eut part au malheur de son enfance, et sans nul doute à celui de sa vie.

Resté étranger aux plaisirs du jeune âge, il n'en eut pas l'insouciante légèreté. Aussi, dès sa 14e année, vit-il dans le travail un port de refuge. La profession de tailleur d'habits devint son objectif et son rêve. C'était aller à l'encontre des idées de sa mère qui voulait faire de lui un ecclésiastique. Son but, en agissant ainsi, était de laisser tout son avoir (12,000 fr.) à un fils préféré. Olympe répugnait au sacerdoce, qui, selon lui, prive l'homme du plus précieux des biens qu'il tient de Dieu, la liberté! De la résistance aux volontés de sa mère — et de sa difformité aussi — les injures* et les coups qui, dans la loterie humaine, ont été son lot durant les deux premières phases de son existence.

Prévoyant que de durs traitements ne changeraient rien à une résolution prise, Mme Bénazet laissa enfin à son fils le choix d'un métier, celui

---

* Il est entendu qu'à l'égard des sévérités de Mme Bénazet pour son fils, nous n'avançons rien que nous ne tenions de Bénazet (Olympe) lui-même, qui l'affirme comme étant l'expression de la vérité la plus sincère. — Nous le laissons responsable.　　J. L.

de tailleur excepté. Ce fut pour lui une amère
raillerie. Impossible cependant de renoncer à ce
qu'il appelait sa vocation ! Aussi, quand la fraîcheur
des nuits n'y mettait pas obstacle, se levait-il à
toute heure, et sans autre vêtement que sa che-
mise, s'installant dans un fauteuil, près d'une table
ronde, à la clarté d'un bout de chandelle, cou-
pait-il, décousait-il et essayait-il de recoudre tout
chiffon ou morceau d'étoffe qui tombait sous sa
main. Et le lendemain la correction de se mesurer
à la quantité de chandelle brûlée.

On se lasse du plaisir ; combien plus vite des
mauvais traitements ! La mère de Bénazet était
institutrice, le fils opta pour la profession d'instituteur.

Il est alors envoyé en pension chez M. Toussaint,
à Toulouse. Grâce au peu de connaissances exigées
pour l'obtention du brevet d'instituteur sous la Res-
tauration, Bénazet put, deux ans plus tard, revenir
chez lui et y tenir école. Au juste, son savoir était
limité aux quatre premières règles de l'arithmétique,
à une bonne lecture, à une écriture meilleure encore. Néanmoins il eut quelque succès. La joie
qu'il en ressentit n'eut pas de durée. Ce qui en pareille circonstance fait l'orgueil d'une mère ac-

crut l'aversion de la sienne pour lui; elle résolut de l'éloigner et essaya de le contraindre par la violence à aller exercer, loin d'elle, dans un village. Elle se sentait plus heureuse près du frère d'Olympe. Les sévices furent portés à tel point que, pour y mettre fin, celui-ci dut tout abandonner : profession, mère et sol natal.

Le voilà reprenant le chemin de Toulouse. Suivons-le dans la vieille cité de Clémence Isaure, premier et principal théâtre de ses exploits burlesques et sentimentalistes.

Bénazet, on l'a vu, avait beaucoup acquis en calligraphie. Ce sera donc l'écriture — la misère, vous dirait-il — qu'il professera; des écritures et la tenue de livres chez des négociants, des dessins de broderie pour les dames, ajoutent à ses ressources, toujours chétives.

Le pain suffit à la nourriture du corps; mais l'aliment intellectuel est nécessaire à l'âme. Ainsi le voit Bénazet. Le cabinet de lecture, la bibliothèque publique s'offrent naturellement à son désir de savoir. Plus un moment laissé libre par le travail mercenaire qu'il ne consacre à l'étude; au moyen de légers prélèvements sur ses économies il loue ou achète des livres; tout, enfin, jusqu'à ses heures d'insomnie, est mis en œuvre au profit de son instruction. L'histoire lui devient familière, les classiques l'initient aux beautés de la langue et lui en découvrent les ressources. A l'heure où nous écrivons ces lignes, il est peu d'œuvres des grands littérateurs ou poètes dont il ne pût réciter les plus beaux morceaux, tant sa mémoire lui est restée fidèle.

Cependant ses finances souffrent et subissent de si profondes atteintes qu'un nouveau genre de vie doit s'ensuivre.

Une idée lumineuse s'empare de lui : des usages qui sous l'effort civilisateur tendent à disparaître existent encore de nos jours dans de rares contrées rétives au progrès; l'un d'eux consiste à promener dans un char, ou bien monté sur un âne, le jour des cendres, tout mari battu par sa femme; l'autre est un charivari assourdissant auquel donnent lieu et le jeune novice dans les bras duquel oublie son défunt la veuve inconsolable, et l'ingénue victime des réminiscences amoureuses d'un vieux barbon secouant un importun veuvage.

Ces exhibitions et ces promenades carnavalesques, alors en usage à Toulouse, inspirèrent à

Bénazet des *courré d'azé*,* des couplets et des chansons peu poétiques il est vrai, mais dont le trait mordant et la gaîté égrillarde lui valurent les ovations du populaire. La sottise humaine lui donna en outre ce que d'honorables occupations lui refusaient, le confortable.

Bénazet en était là de ses succès lorsqu'un événement soudain vint décider de sa vie. Une fille du peuple, Madeleine,** dont la beauté aurait fait rêver un ange, jette le trouble en son âme, l'éblouit, le fascine. Il en devient éperdûment amoureux. Sa tête en feu conçoit mille projets ; la nuit, son âme, se dégageant des liens qui la retiennent captive, prend l'essor et vole vers Madeleine. Répondra-t-elle à la vivacité et à la délicatesse de ses sentiments !... Que Bénazet ne peut-il, pour toucher son cœur, mettre à ses pieds une brillante renommée, un monde ! Vains désirs ! il ne lui est donné d'offrir à la Dulcinée devenue l'objet de ses convoitises galantes qu'un cœur épris et un dévoûment qui ne demande rien tant, comme suprême bonheur, que d'être mis à l'épreuve.

* Mot qui, dans le dialecte patois, exprime le mieux ces sortes de promenades.

** Voir pages 19, 37, 87.

Le visage de Bénazet est ovale et d'un beau pro-
fil, les traits en sont réguliers; sa lèvre supérieure
est fine et ironique, l'inférieure épaisse et bien
ciselée; son nez rentrant à la base est saillant et
légèrement recourbé; ses yeux, qu'ombragent d'é-
pais sourcils, sont petits mais ardents, et quand,
par intervalle, ils cessent d'être fixés vers la terre
ils brillent dans leur orbite profondément enchâssé;
son front est large et découvert, le menton rond et
accentué mais sans propension ascendante; sa
physionomie, dépourvue d'agréments mondains,
décèle la bonté et inspire la confiance en dépit
d'une fougueuse nature qui s'irrite au contact de
la discussion et exalte ses sens à un haut degré;
ses mœurs sont généralement celles d'un homme
dont l'éducation est soignée; et, puisque c'est un
portrait que nous faisons, ajoutons que son épine
dorsale est légèrement voûtée, sa démarche réglée
et nonchalente, et que ses jambes torses et en *i*
grec rappellent celles du carillonneur de *Notre-
Dame* crayonné par Hugo. N'importe, l'amour fait
de lui un autre homme; s'élevant, il saura conquérir,
il se rendra digne de l'objet de sa flamme. Puissent
ses vœux être exaucés, et, le parti en est pris, l'en-
seignement le comptera de nouveau parmi les siens.

Cessant d'être l'histrion que flatte la populace, un jour il se rend chez Madeleine, et craintif et timide devant celle qu'il aime, il lui offre sa main; il fait de plus briller à ses yeux étonnés un modeste pécule qui aplanira les difficultés d'établissement du futur ménage. L'offre, rejetée d'abord, est enfin acceptée. Il peut espérer!... Ivre de joie, il court à Beaumont se jeter aux pieds de sa mère, lui fait part de son bonheur, la prie de consentir à l'heureuse union qu'il est prêt à conclure, la supplie enfin, comme devant en hâter l'instant, de lui donner une part de l'héritage paternel.

Grâce au système d'intimidation pratiqué à son égard, Bénazet ne sut qu'implorer quand il avait des droits à faire valoir. L'accueil qu'il reçut, on le pressent : « Tu te maries!... Mais est-il donc sur la terre une malheureuse assez abandonnée du ciel et des hommes qu'elle veuille d'un monstre pareil à toi ! Ote-toi bien vite de ma présence si, consentement et argent, tu ne veux les recevoir au bout d'un bâton. »

Ce nouveau coup du sort fut terrible pour Bénazet; il en prévit les conséquences. Rentrer à Toulouse, faire part à Madeleine du double refus de sa mère, il en eut le courage.

Madeleine, un peu volage, met bientôt fin à des rapports qui, moins fréquents d'abord, sont près de cesser lorsque ses beaux yeux fixent les regards d'un jeune godelureau envieux d'inscrire un triomphe de plus au faste de ses amours ; il papillonne autour de la fleur dont il brûle d'exprimer le parfum virginal. Le succès quel fut-il ?... on ne sait. La séduction dut cependant avoir quelqu'empire : B....., acteur dont le comique devait plus tard désopiler la rate du public parisien fit tant de chemin dans le cœur de Madeleine que Bénazet fut éconduit.

Le cœur gonflé d'amertume, l'amant trahi lance l'anathème sur le siècle vain et égoïste où l'argent tient lieu de tout et donne de la considération à qui le possède. Quant à la cruelle qu'il a tant idolâtrée, il y renonce et bénit la Providence d'avoir placé sur sa route celle dont les charmes lui ont inspiré de « si beaux vers. »

Et dans le stoïcisme de son âme, il se dit : Puisqu'il t'est défendu de posséder une jolie femme par le mariage, cours le monde, chante-les toutes, et comprimant les élans de ta tendresse, remplace l'amour par la gloire, et deviens, si tu le peux, le Paul de Kock du madrigal !

Quelque temps s'écoule; le madrigal a déjà valu plus d'un succès à l'amant évincé, lorsque, en 1839, un arrêté de **M.** Arnoux, maire de Toulouse, vint fournir à Bénazet une occasion de faire briller son talent satirique. Le vice libre trônait fastueusement et sans restriction dans les restaurants, les cafés et autres lieux analogues de la ville des capitouls. Cet outrage audacieux à la morale publique soulevait d'indignation les cœurs honnêtes. Des pères de famille signalèrent cette abjection dans les mœurs, et les dangers qui en résultaient pour la jeunesse des écoles. L'édilité toulousaine s'en émut aussi, et prévenant d'honorables requêtes, elle enjoignit officiellement aux messalines non patentées de céans d'avoir à vider les lieux sous bref délai. Grande fut la débâcle au milieu des risées et des huées de la foule; non moins éclatant le sentiment de gratitude publique. Bénazet s'y associe par une improvisation qui le grandit aux yeux de tous, et dans laquelle, décernant l'éloge à l'administration urbaine pour l'initiative morale et sanitaire qu'elle a prise, il flagelle le vice et le flétrit avec talent. ‹

Les Dames de Comptoir paraissent.

Camille Desmoulins d'un nouveau genre, les

théâtres, la place publique, retentissent des accents
de sa muse indignée et reconnaissante. On le suit,
on le presse, on le hisse sur les siéges des promenades, sur des bancs d'étalage, et Bénazet est forcé
de satisfaire aux désirs de la foule qui veut l'entendre, l'entendre toujours. 10,000 exemplaires de
la satire patoise furent vendus en peu de jours.
Ses autres poésies reprirent faveur.

> Souvenir de ses beaux jours
> En lui vous vivrez toujours!

Le succès enhardit. Bénazet a flétri le vice, c'est
une défaillance qu'il stigmatisera.* Il s'attaque à
plus puissant que lui. Lutte scabreuse ! disent
les fabulistes. Il succombera. De par la volonté
d'un des successeurs de M. Arnoux, M. de Perpes-
sac, interdiction est faite à Bénazet, à quelque
temps de là, de vendre ses œuvres à la criée. C'est
l'ostracisme. Il s'y résigne.

Depuis plus de trente ans, Bénazet court le
monde!!! Les grandes cités, les petites villes, jusqu'à l'humble bourgade, toutes l'ont vu dans leurs
murs célébrer les beautés indigènes. Dans ses pé-

* Voir à la page 143.

régrinations, l'amour a souvent, de ses flèches les plus aiguës, ravivé la blessure que firent à son cœur les charmes de Madeleine, et parmi l'essaim ravissant des mortelles qu'il chante, quelquefois encore, jetant son dévolu, il découvrira ses feux; les fera-t-il partager? son état-civil actuel dit non. Il aurait tendrement aimé pourtant celui dont le culte pour la femme fit naître et développa en son cœur le sentiment poétique! Réduit au rôle d'amant platonique des belles, il n'aura pas du moins le sort de l'auteur d'*Hector* et de l'*Epître à Clarisse* mourant pour les avoir trop chéries. Chevalier errant, mais peu amoureux de gloire chevaleresque, aucune ne l'a vu faire du don quichottisme; son tempérament pacifique s'accommoderait mal du métier de pourfendeur. Paladins fanfarons, orgueilleuses châtelaines, vous n'entendrez pas ses chants dans l'enceinte du château féodal ou près des murs du donjon crénelé. Plutôt que vos sinistres manoirs à tourelles gothiques, ils égaieront la demeure de l'artisan, le magasin, l'atelier, sources inépuisables pour sa muse; là sont pour lui, en effet, sa Béatrix et sa Laure. Troubadour moderne, il chantera sur sa lyre et avec une faveur marquée la sémillante grisette, puis

la mère vertueuse, la grande et noble dame par-
fois, charmantes inspiratrices qu' «il immortalisera
dans ses vers. »

Le rôle de «CHANTRE DES BELLES! son plus beau
titre de gloire,» ne suffit pas à remplir la vie de
Bénazet : l'épître, l'épigramme et la satire viennent
occuper les loisirs de sa muse. Le patois gascon,
dialecte de l'idiome roman provençal ou langue
d'oc, exerce aussi sa verve poétique; peut-être
est-il vrai de dire que c'est dans le langage imagé
de la Gascogne qu'il a le mieux traduit ses inspi-
rations. En outre des *Dames de Comptoir*, dont
il a été vendu plus de 20,000 exemplaires, son
Epître aux habitants de Clairac, ainsi que plusieurs de ses poésies patoises, ont été souvent réé-
ditées. Au-dessus de ces petits succès d'argent,
quel a été le succès littéraire de Bénazet? Nous ne
prétendons nullement le déterminer dans cette
notice. Sans empiéter sur le domaine de l'appré-
ciation et de la critique, disons cependant que si
le madrigal a laissé vide l'escarcelle du troubadour, il est le plus souvent resté étranger aux
disgrâces de tout genre qui sont venues l'assaillir.
En 1833, par exemple, sous le pontificat de Gré-

goire XVI, *Alexandre Borgia* valut à l'auteur un mois de prison et 16 francs d'amende, en vertu d'une croisade du gouvernement contre les écrivains libres-penseurs; il est vrai que, plus tard, sous le ministère Salvandy, en 1844, Bénazet émargea au budget de l'Etat pour une pension annuelle de 300 fr. prélevée sur les fonds d'encouragement aux sciences et aux lettres. Il n'en jouit pas longtemps. 1848 devait la lui retirer. Bénazet prétend qu'on ne pouvait pas tout faire à la fois : encourager les poètes et solder les ateliers nationaux.

Cette brèche faite au budget du troubadour le livra à tous les hasards de la vie. Nous n'avons pas raconté les vicissitudes éprouvées par Bénazet depuis le jour où son humeur voyageuse prit le dessus, moins encore le ferons-nous à dater du moment où lui fut retirée la libéralité ministérielle dont sa muse fut l'objet.

Ici le zèle outré d'un fonctionnaire saisit ses œuvres, là on le contraint à les colporter plus loin; ailleurs, il est mis en charte privée; enfin, grâce à un système policier inconnu à des Etats où l'on ne dort pas moins bien, des argus le surveillent, ses pas sont suivis, c'est une sainte nitouche qui, plus qu'on ne croit, fait, suivant les temps, de la propagande socialiste, anti-religieuse ou anti-dynastique.

Mais la philosophie de Bénazet le met toujours au-dessus des inconvénients de sa vie nomade. Fort de sa probité, de son honneur, il défie Thémis, mi-partie de maréchaussée, de venir jamais altérer la paix de son âme.

Pour lui, pas de jour qui ne doive produire. Le colportage donne-t-il peu, maigre la pitance. Mais il est sobre... rompu à tous les déboires. Vestiaire, coiffure et chaussure sont étrangers à ses soucis; autant que lui la Providence y pourvoit. Dans les pèlerinages aux lieux de ses chères madones, une humble hôtellerie l'héberge. Son séjour doit-il s'y prolonger, c'est chez de braves gens, paisibles avant tout, qu'il élit domicile. En quelque lieu qu'il soit, sa bourse règle toujours la dépense. Mais que la faim le torture, que l'eau du torrent le désaltère, que le pavé soit son oreiller avec l'azur du firmament sur sa tête, que la vasque de la fontaine défraie les soins à donner au visage, plutôt que d'ameuter des créanciers!

A l'opposé de certains mollusques, il arrive très souvent à Bénazet d'égarer le seul immeuble qui soit en sa possession et qui fait en quelque sorte partie de lui-même : un portefeuille en cuir verni, dont chacun a pu souvent inspecter le contenu sans que la moindre soustraction y ait jamais été commise, et qui contient l'épargne de la veille quand il y a lieu, la recette du jour, ses papiers, quelques centaines de recueils variés de ses œuvres en des cahiers de 4, 8, 12 pages qu'il vend 10, 20, 30 centimes. Les réserves en feuille sont chez ses imprimeurs où, suivant le besoin, il puise de nouveaux exemplaires qu'avant d'emporter il plie, coud, rogne lui-même, car il dispose à son gré de l'outillage de ces industriels.

Le moyen de refuser. Il s'ingénie si bien à ne pas déranger. Faut-il qu'il s'en dessaisisse, il le devine, en prend l'initiative, et s'éloignant en sifflottant bien bas, il attend bravement que son tour revienne. Ignorant les impatiences fébriles, rarement il se lasse. Sa besogne achevée, gai comme un pinson, le voilà trottinant dans les rues. Qui le pousse ainsi, le démon du lucre peut-être. Sinon, explique qui pourra pareille dérogation à sa marche indolente.

A vrai dire, Bénazet connaît le meilleur de ses clients. Il sait, en outre, que depuis quelques instants la desserte est faite à la table d'hôte. Le convive dont les propos joyeux l'égayaient, — et qui dans d'autres temps (quel dommage qu'il n'y fût pas!) aurait par son naturel puissamment aidé à la naissance et à la formation des langues, — le commis voyageur pour tout dire, type si souvent défini et qui toujours se révèle sous des aspects nouveaux, s'est déjà dit : le complément d'un bon dîner

> C'est toi, divin café, dont l'aimable liqueur
> Sans altérer la tête, épanouit le cœur.

Sur ce chapitre, Bénazet en sait aussi long qu'un autre, hélas!... Bref, c'est au café qu'il va de ce pas précipité. Telle est la condition à peu près absolue de la recette quotidienne. De Bénazet au commis, l'affinité explique la sympathie : messager de commerce, messager d'amour, moins les attributs... mythologiques. Or, où trouver un commis voyageur qui ne connaisse point Bénazet et dont la valise ne contienne quelques épigrammes ou les meilleurs madrigaux du Chantre des Belles!

La fête votive, à l'occasion de laquelle Bénazet édite du nouveau; les jours de foire et de marché, le voient se mêler à la foule et y répandre ses recuéils. Les salles de concert et les théâtres, où il a ses entrées, lui en facilitent aussi l'écoulement. Mais à Toulouse, Agen, partout où il porte ses pas, le café est le lieu le plus favorable à la vente de ses œuvres. C'est là qu'il dit le mieux son boniment pittoresque et sempiternel auquel jamais n'est ajouté ni ne manque un iota; et si peu qu'on semble y tenir, — Molière n'a-t-il pas paru sur des tréteaux — il déclamera son répertoire jusqu'à extinction de forces, et avec une pantomime qui a dû prendre naissance aux beaux jours de l'idylle et de la pastorale, il essaie du pathétique, du comique, du tragique, devient gai ou triste, se frappe, tombe et meurt, se relève instantanément, puis, à l'unisson de la foule, rit comme le premier venu.

Son cabinet de travail est partout, hors chez lui; en tiennent lieu : la promenade publique, le bureau de tabac, l'imprimerie, mais principalement le café où chacun l'a vu écrivant ses impressions du jour. Ennemi irréconciliable du tabacolâtre, à la galanterie duquel il ne croira jamais, c'est pourtant là, dans cette atmosphère grise et vaporeuse produite par le cigare, qu'après les avoir fixées sur le papier, il savoure voluptueusement le plaisir de la rime trouvée, de la tournure gracieuse donnée à un vers. Dans le coin le plus éloigné du bruit, assis sur un moelleux divan, le corps rejeté en arrière, voyez-le : sa tête, penchée en avant, disparaît en partie sous un large feutre aplati et sans couleur tant il en a eues, ainsi que sous le collet droit et montant de son ample paletot; ses paupières sont closes, un sourire de béat est sur ses lèvres; ses bras sont croisés sur sa poitrine; son être est empreint de quiétude et de satisfaction. Etranger à ce qui l'entoure, plus rien ne l'attache à la terre. Sa pensée vogue à toutes voiles sur l'océan de la fantaisie. Il est heureux. Ne le troublez pas dans son rêve....., tandis que nous, profitant de l'inaction de ses sens extérieurs, nous achèverons rapidement cette Notice.

Dans des écrits antérieurs où sont appréciés les talents de Bénazet, d'autres que nous ont rendu hommage à ses qualités personnelles. Néanmoins, disons à ceux qui, jugeant l'homme par ses dehors, n'ont vu en lui qu'un personnage sans valeur, excentrique ou grotesque : Non, tel n'est point le troubadour gascon; s'il a l'apparence des ridicules qu'on lui prête, accusons le sort dont la rigueur n'a pu aigrir son caractère, et n'insultons pas l'individu. Si par tempérament il est peu enclin à l'hypocondrie, il est encore plus éloigné des travers frondeurs du misanthrope dont il n'a jamais eu le langage acrimonieux pour le monde. Le monde a cependant fait de lui un paria auquel les salons et les cercles ont été fermés. Né sous une étoile propice, avec son intelligence, sa probité, son désintéressement, sa passion pour l'étude, Bénazet, autrement sérieux, aurait joui d'une grande considération. Et la misère ne déteignant pas sur lui, il aurait vu monter son niveau intellectuel et moral. Fait aux belles manières, il aurait le vernis d'une société qu'il ignore, il y brillerait même par sa conversation à la fois enjouée et remplie de convenance. Aussi bien compterait-il peut-être, dans son bagage littéraire, quelqu'œuvre resplendissante et grandiose. N'ayant pas à faire chaque jour et quand même de la « marchandise, » il aurait pu attendre l'inspiration, mûrir et développer longuement ses idées. Mais, suivant la crudité de sa réponse à qui lui reproche de n'avoir pas fait de longs poèmes, il lui aurait « fallu avoir pour cela du pain sur la planche. » Alors, si une fausse gloire l'eût séduit, n'aurait-il pas, comme bien d'autres, enfourché ce gigantesque cheval de bataille de plusieurs renommées, la réclame! Quoi qu'il en soit, Bénazet n'aurait pas servi de point de mire aux quolibets de certains esprits forts, incapables de s'élever à la hauteur de celui en qui leur étroite cervelle n'a su distinguer que l'étoffe d'un bouffon apte tout au plus à servir de risée à la foule et aux enfants.

Les enfants de nos jours, imitateurs de ceux dont parlent *les Rois*, au livre IV, font de gaîté de cœur litière de toutes les infortunes sociales. Or, Bénazet, malgré l'extérieur que nous lui connaissons, ne les a jamais vus s'attrouper autour de lui et le poursuivre de leurs espiègleries. L'auréole du malheur a-t-elle lui à leurs yeux d'un tel éclat qu'ils aient dû se tenir à son égard dans ces sages limites? ou bien, serait-ce qu'envisageant la fin prochaine de leurs jeux, auxquels succèderont de vifs sentiments, ils aient déjà salué dans Bénazet le chantre de celles qui, bientôt, feront palpiter leurs jeunes cœurs? O enfants!!!......

Bénazet est au déclin de ses jours. Ce qui manquait sinon à sa gloire du moins à son bonheur, il le possède aujourd'hui. C'était l'idéal de son rêve

de poète. Grâce à la bienveillance de son impri-
meur, il aura de son vivant une belle édition de ses
Œuvres choisies.

Puisse l'accueil que le Public lui réserve être
pour l'Auteur un dédommagement.

Auch, avril 1866.